Regina Richter, Malerin in Hamburg, hat sich Jahre hindurch mit dem Werk Rilkes beschäftigt. Frucht dieser Beschäftigung sind 24 in Aquarell-Mischtechnik gemalte Bilder zu Gedichten von Rilke.
Rilkes Landschaft ist Raum und Innenraum, ist Fläche und Tiefe, sie ist nie statisch, sie ist Bewegung, sie ist Prozeß. Regina Richters Bilder sind ebensowenig wie Rilkes Visionen Wiedergaben konkreter Örtlichkeiten, sondern Verschmelzungen und Synthesen einer Fülle von eigenen und erlebten Landschaftserfahrungen, die von der niederdeutschen Weite bis zur Begrenztheit des Wallis reichen. Die Rolle des sich Bewegenden und Lebendigen übernimmt das Licht, das sich bewegt und gleitet mit den Gegenständen – Wolken, Berggraten, Ufern, Bäumen –, die es beleuchtet und gleichzeitig durchdringt und ausfüllt. Natur, so empfiehlt Rilke, sollen wir durchaus als »gegenständlich« nehmen, als »eine große vorhandene Wirklichkeit«.

insel taschenbuch 588
Rilkes Landschaft

RILKES LANDSCHAFT

IN BILDERN VON REGINA RICHTER
ZU GEDICHTEN VON RAINER MARIA RILKE
MIT EINEM NACHWORT VON
SIEGFRIED UNSELD
INSEL VERLAG

insel taschenbuch 588
Erste Auflage 1981
© dieser Ausgabe Insel Verlag Frankfurt am Main 1979, 1981
Die Gedichte sind entnommen:
›Rainer Maria Rilke, Sämtliche Werke‹. Band 1 © Insel Verlag
Frankfurt am Main 1955 · Band 2 © Insel Verlag Frankfurt am Main 1957
Vertrieb durch den Suhrkamp Taschenbuch Verlag
Typographie: Michael Hagemann
Satz: LibroSatz, Kriftel
Druck: Nomos Verlagsgesellschaft Baden-Baden
Printed in Germany

3 4 5 6 7 8 - 88 87 86 85 84 83

RILKES LANDSCHAFT

DER BERG

Sechsunddreißig Mal und hundert Mal
hat der Maler jenen Berg geschrieben,
weggerissen, wieder hingetrieben
(sechsunddreißig Mal und hundert Mal)

zu dem unbegreiflichen Vulkane,
selig, voll Versuchung, ohne Rat, –
während der mit Umriß Angetane
seiner Herrlichkeit nicht Einhalt tat:

tausendmal aus allen Tagen tauchend,
Nächte ohne gleichen von sich ab
fallen lassend, alle wie zu knapp;
jedes Bild im Augenblick verbrauchend,
von Gestalt gesteigert zu Gestalt,
teilnahmslos und weit und ohne Meinung –,
um auf einmal wissend, wie Erscheinung,
sich zu heben hinter jedem Spalt.

ABEND IN SKÅNE

Der Park ist hoch. Und wie aus einem Haus
tret ich aus seiner Dämmerung heraus
in Ebene und Abend. In den Wind,
denselben Wind, den auch die Wolken fühlen,
die hellen Flüsse und die Flügelmühlen,
die langsam mahlend stehn am Himmelsrand.
Jetzt bin auch ich ein Ding in seiner Hand,
das kleinste unter diesen Himmeln. – Schau:

Ist das Ein Himmel?:
                    Selig lichtes Blau,
in das sich immer reinere Wolken drängen,
und drunter alle Weiß in Übergängen,
und drüber jenes dünne, große Grau,
warmwallend wie auf roter Untermalung,
und über allem diese stille Strahlung
sinkender Sonne.

                    Wunderlicher Bau,
in sich bewegt und von sich selbst gehalten,
Gestalten bildend, Riesenflügel, Falten
und Hochgebirge vor den ersten Sternen
und plötzlich, da: ein Tor in solche Fernen,
wie sie vielleicht nur Vögel kennen...

BODENSEE

Die Dörfer sind wie im Garten.
In Türmen von seltsamen Arten
klingen die Glocken wie weh.
Uferschlösser warten
und schauen durch schwarze Scharten
müd auf den Mittagsee.

Und schwellende Wellchen spielen,
und goldene Dampfer kielen
leise den lichten Lauf;
und hinter den Uferzielen
tauchen die vielen, vielen
Silberberge auf.

DAS TAL

‹Meudon-Val-Fleury›

Bei Tag ist das ein großer Unterschied
wenn sich der Himmel baut und blaut und flieht
und voll Bewegung ist. Und das ist oben.
Und unten stehn, von seinen Übergängen
nur dann und wann zurück und vorgeschoben,
dieselben Häuser an denselben Hängen
zufrieden, ohne alle Phantasie.

Doch es ist Nacht geworden. Siehst du wie
nun alles hingeht zu demselben Ziele.
Ähnlicher werden da und dort die Fernen
und mit den Sternen kommen die Laternen:
erst eine, unten, und auf einmal viele.

Ich nehme sie wie Sterne ernst. Ich weiß
die meisten machen einen kleinen Kreis
und sind schon kurz nach Mitternacht verschwunden;
und keine leuchtet je der andern gleich.

Doch manchmal sah ich in sehr frühen Stunden
und immer auf die gleiche Art verbunden
in schon ein wenig irdischem Bereich
des Bahnhofs kleines Sternbild stehen, bleich,
wie bange vor den Hähnen und den Hunden.

HERBST

Die Blätter fallen, fallen wie von weit,
als welkten in den Himmeln ferne Gärten;
sie fallen mit verneinender Gebärde.

Und in den Nächten fällt die schwere Erde
aus allen Sternen in die Einsamkeit.

Wir alle fallen. Diese Hand da fällt.
Und sieh dir andre an: es ist in allen.

Und doch ist Einer, welcher dieses Fallen
unendlich sanft in seinen Händen hält.

Waldteich, weicher, in sich eingekehrter –,
draußen ringt das ganze Meer und braust,
aufgeregte Fernen drücken Schwerter
jedem Sturmstoß in die Faust –,
während du aus dunkler unversehrter
Tiefe   Spiele der Libellen schaust.

Schau, wie die Zypressen schwärzer werden
in den Wiesengründen, und auf wen
in den unbetretbaren Alleen
die Gestalten mit den Steingebärden
weiterwarten, die uns übersehn.

Solchen stillen Bildern will ich gleichen
und gelassen aus den Rosen reichen,
welche wiederkommen und vergehn;

immerzu wie einer von den Teichen
dunkle Spiegel immergrüner Eichen
in mir halten, und die großen Zeichen
ungezählter Nächte näher sehn.

HERBSTSTIMMUNG

Die Luft ist lau, wie in dem Sterbezimmer,
an dessen Türe schon der Tod steht still;
auf nassen Dächern liegt ein blasser Schimmer,
wie der der Kerze, die verlöschen will.

Das Regenwasser röchelt in den Rinnen,
der matte Wind hält Blätterleichenschau; –
und wie ein Schwarm gescheuchter Bekassinen
ziehn bang die kleinen Wolken durch das Grau.

DIE PARKE

I

Unaufhaltsam heben sich die Parke
aus dem sanft zerfallenden Vergehn;
überhäuft mit Himmeln, überstarke
Überlieferte, die überstehn,

um sich auf den klaren Rasenplänen
auszubreiten und zurückzuziehn,
immer mit demselben souveränen
Aufwand, wie beschützt durch ihn,

und den unerschöpflichen Erlös
königlicher Größe noch vermehrend,
aus sich steigend, in sich wiederkehrend:
huldvoll, prunkend, purpurn und pompös.

II

Leise von den Alleen
ergriffen, rechts und links,
folgend dem Weitergehen
irgend eines Winks,

trittst du mit einem Male
in das Beisammensein
einer schattigen Wasserschale
mit vier Bänken aus Stein;

in eine abgetrennte
Zeit, die allein vergeht.
Auf feuchte Postamente,
auf denen nichts mehr steht,

hebst du einen tiefen
erwartenden Atemzug;
während das silberne Triefen
von dem dunkeln Bug

dich schon zu den Seinen
zählt und weiterspricht.
Und du fühlst dich unter Steinen
die hören, und rührst dich nicht.

III

Den Teichen und den eingerahmten Weihern
verheimlicht man noch immer das Verhör
der Könige. Sie warten unter Schleiern,
und jeden Augenblick kann Monseigneur

vorüberkommen; und dann wollen sie
des Königs Laune oder Trauer mildern
und von den Marmorrändern wieder die
Teppiche mit alten Spiegelbildern

hinunterhängen, wie um einen Platz:
auf grünem Grund, mit Silber, Rosa, Grau,
gewährtem Weiß und leicht gerührtem Blau
und einem Könige und einer Frau
und Blumen in dem wellenden Besatz.

DIE INSEL

Nordsee

I

Die nächste Flut verwischt den Weg im Watt,
und alles wird auf allen Seiten gleich;
die kleine Insel draußen aber hat
die Augen zu; verwirrend kreist der Deich

um ihre Wohner, die in einen Schlaf
geboren werden, drin sie viele Welten
verwechseln, schweigend; denn sie reden selten,
und jeder Satz ist wie ein Epitaph

für etwas Angeschwemmtes, Unbekanntes,
das unerklärt zu ihnen kommt und bleibt.
Und so ist alles was ihr Blick beschreibt
von Kindheit an: nicht auf sie Angewandtes,
zu Großes, Rücksichtsloses, Hergesandtes,
das ihre Einsamkeit noch übertreibt.

II

Als läge er in einem Krater-Kreise
auf einem Mond: ist jeder Hof umdämmt,
und drin die Gärten sind auf gleiche Weise
gekleidet und wie Waisen gleich gekämmt

von jenem Sturm, der sie so rauh erzieht
und tagelang sie bange macht mit Toden.
Dann sitzt man in den Häusern drin und sieht
in schiefen Spiegeln was auf den Kommoden

Seltsames steht. Und einer von den Söhnen
tritt abends vor die Tür und zieht ein Tönen
aus der Harmonika wie Weinen weich;

so hörte ers in einem fremden Hafen –.
Und draußen formt sich eines von den Schafen
ganz groß, fast drohend, auf dem Außendeich.

III

Nah ist nur Innres; alles andre fern.
Und dieses Innere gedrängt und täglich
mit allem überfüllt und ganz unsäglich.
Die Insel ist wie ein zu kleiner Stern

welchen der Raum nicht merkt und stumm zerstört
in seinem unbewußten Furchtbarsein,
so daß er, unerhellt und überhört,
allein

damit dies alles doch ein Ende nehme
dunkel auf einer selbsterfundnen Bahn
versucht zu gehen, blindlings, nicht im Plan
der Wandelsterne, Sonnen und Systeme.

VORFRÜHLING

Härte schwand. Auf einmal legt sich Schonung
an der Wiesen aufgedecktes Grau.
Kleine Wasser ändern die Betonung.
Zärtlichkeiten, ungenau,

greifen nach der Erde aus dem Raum.
Wege gehen weit ins Land und zeigens.
Unvermutet siehst du seines Steigens
Ausdruck in dem leeren Baum.

Es ist ganz stille. Aufrecht steht der Duft
vergangner Farben in den welken Wegen.
Die Himmel halten einen langen Regen
die Blätter gehn auf Stufen durch die Luft

HERBST

Oh hoher Baum des Schauns, der sich entlaubt:
nun heißts gewachsen sein dem Übermaße
von Himmel, das durch seine Äste bricht.
Erfüllt vom Sommer, schien er tief und dicht,
uns beinah denkend, ein vertrautes Haupt.
Nun wird sein ganzes Innere zur Straße
des Himmels. Und der Himmel kennt uns nicht.

Ein Äußerstes: daß wir wie Vogelflug
uns werfen durch das neue Aufgetane,
das uns verleugnet mit dem Recht des Raums,
der nur mit Welten umgeht. Unsres Saums
Wellen-Gefühle suchen nach Bezug
und trösten sich im Offenen als Fahne –

. . . .
Aber ein Heimweh meint das Haupt des Baums.

ABEND

Der Abend wechselt langsam die Gewänder,
die ihm ein Rand von alten Bäumen hält;
du schaust: und von dir scheiden sich die Länder,
ein himmelfahrendes und eins, das fällt;

und lassen dich, zu keinem ganz gehörend,
nicht ganz so dunkel wie das Haus, das schweigt,
nicht ganz so sicher Ewiges beschwörend
wie das, was Stern wird jede Nacht und steigt –

und lassen dir (unsäglich zu entwirrn)
dein Leben bang und riesenhaft und reifend,
so daß es, bald begrenzt und bald begreifend,
abwechselnd Stein in dir wird und Gestirn.

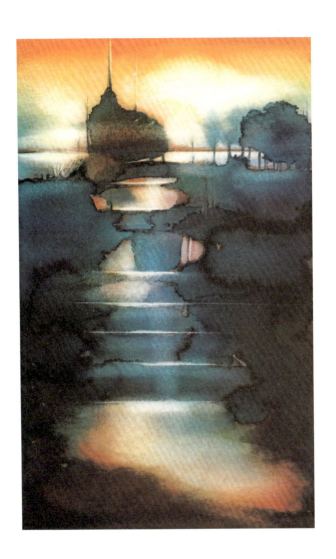

NACHTHIMMEL UND STERNENFALL

Der Himmel, groß, voll herrlicher Verhaltung,
ein Vorrat Raum, ein Übermaß von Welt.
Und wir, zu ferne für die Angestaltung,
zu nahe für die Abkehr hingestellt.

Da fällt ein Stern! Und unser Wunsch an ihn,
bestürzten Aufblicks, dringend angeschlossen:
Was ist begonnen, und was ist verflossen?
Was ist verschuldet? Und was ist verziehn?

DIE LIEBENDE

Das ist mein Fenster. Eben
bin ich so sanft erwacht.
Ich dachte, ich würde schweben.
Bis wohin reicht mein Leben,
und wo beginnt die Nacht?

Ich könnte meinen, alles
wäre noch Ich ringsum;
durchsichtig wie eines Kristalles
Tiefe, verdunkelt, stumm.

Ich könnte auch noch die Sterne
fassen in mir; so groß
scheint mir mein Herz; so gerne
ließ es ihn wieder los

den ich vielleicht zu lieben,
vielleicht zu halten begann.
Fremd, wie niebeschrieben
sieht mich mein Schicksal an.

Was bin ich unter diese
Unendlichkeit gelegt,
duftend wie eine Wiese,
hin und her bewegt,

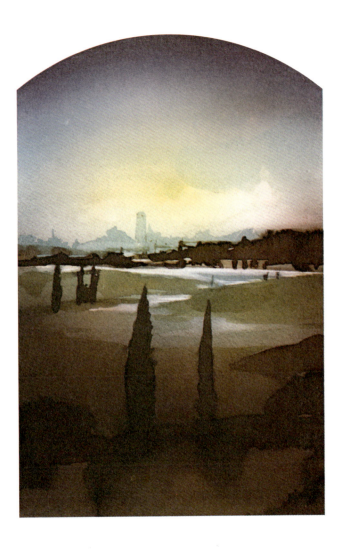

rufend zugleich und bange,
daß einer den Ruf vernimmt,
und zum Untergange
in einem Andern bestimmt.

DAS KARUSSELL

Jardin du Luxembourg

Mit einem Dach und seinem Schatten dreht
sich eine kleine Weile der Bestand
von bunten Pferden, alle aus dem Land,
das lange zögert, eh es untergeht.
Zwar manche sind an Wagen angespannt,
doch alle haben Mut in ihren Mienen;
ein böser roter Löwe geht mit ihnen
und dann und wann ein weißer Elefant.

Sogar ein Hirsch ist da, ganz wie im Wald,
nur daß er einen Sattel trägt und drüber
ein kleines blaues Mädchen aufgeschnallt.

Und auf dem Löwen reitet weiß ein Junge
und hält sich mit der kleinen heißen Hand,
dieweil der Löwe Zähne zeigt und Zunge.

Und dann und wann ein weißer Elefant.

Und auf den Pferden kommen sie vorüber,
auch Mädchen, helle, diesem Pferdesprunge
fast schon entwachsen; mitten in dem Schwunge
schauen sie auf, irgendwohin, herüber –

Und dann und wann ein weißer Elefant.

Und das geht hin und eilt sich, daß es endet,
und kreist und dreht sich nur und hat kein Ziel.
Ein Rot, ein Grün, ein Grau vorbeigesendet,
ein kleines kaum begonnenes Profil –.
Und manchesmal ein Lächeln, hergewendet,
ein seliges, das blendet und verschwendet
an dieses atemlose blinde Spiel…

ARCO

Die Hochschneezinne, schartig scharf,
loht auf wie eine Mauerkrone,
in die der lachende Nerone,
der Morgen, seine Fackel warf.

Und wie die Flammen bis ins Blau
sich zu verblühten Sternen strecken,
erwacht das Tal in schönem Schrecken
und taucht empor aus Traum und Tau.

REGENBOGEN

Aus geducktem Wetterunterstand
in die freien Klärungen zu dringen:
Land war klar wie klare Flüssigkeit;
jeder Hof fing an, sich zu besingen,
so als wäre größestes Vollbringen
heimlich in geringen Dienst gereiht.

Und dann wandten wir uns: siehe: vor
Regenprunk verbrauchter Finsternisse
mit der Flutung jener Himmelsrisse
hingebognes Augentor.
Drunter klarer noch das linke Land:
ernst, in einem Vorgefühl von Abend,
mundhaft schweigend, tief getrunken habend,
und mit starken Blumen zugewandt.

DIE INSEL
DER SIRENEN

Wenn er denen, die ihm gastlich waren,
spät, nach ihrem Tage noch, da sie
fragten nach den Fahrten und Gefahren,
still berichtete: er wußte nie,

wie sie schrecken und mit welchem jähen
Wort sie wenden, daß sie so wie er
in dem blau gestillten Inselmeer
die Vergoldung jener Inseln sähen,

deren Anblick macht, daß die Gefahr
umschlägt; denn nun ist sie nicht im Tosen
und im Wüten, wo immer sie war.
Lautlos kommt sie über die Matrosen,

welche wissen, daß es dort auf jenen
goldnen Inseln manchmal singt –,
und sich blindlings in die Ruder lehnen,
wie umringt

von der Stille, die die ganze Weite
in sich hat und an die Ohren weht,
so als wäre ihre andre Seite
der Gesang, dem keiner widersteht.

LIED VOM MEER

Capri. Piccola Marina

Uraltes Wehn vom Meer,
Meerwind bei Nacht:
du kommst zu keinem her;
wenn einer wacht,
so muß er sehn, wie er
dich übersteht:
uraltes Wehn vom Meer,
welches weht
nur wie für Ur-Gestein,
lauter Raum
reißend von weit herein...
O wie fühlt dich ein
treibender Feigenbaum
oben im Mondschein.

LANDSCHAFT

Wie zuletzt, in einem Augenblick
aufgehäuft aus Hängen, Häusern, Stücken
alter Himmel und zerbrochnen Brücken,
und von drüben her, wie vom Geschick,
von dem Sonnenuntergang getroffen,
angeschuldigt, aufgerissen, offen –
ginge dort die Ortschaft tragisch aus:

fiele nicht auf einmal in das Wunde,
drin zerfließend, aus der nächsten Stunde
jener Tropfen kühlen Blaus,
der die Nacht schon in den Abend mischt,
so daß das von ferne Angefachte
sachte, wie erlöst, erlischt.

Ruhig sind die Tore und die Bogen,
durchsichtige Wolken wogen
über blassen Häuserreihn
die schon Dunkel in sich eingesogen;
aber plötzlich ist vom Mond ein Schein
durchgeglitten, licht, als hätte ein
Erzengel irgendwo sein Schwert gezogen.

EINGANG

Wer du auch seist: am Abend tritt hinaus
aus deiner Stube, drin du alles weißt;
als letztes vor der Ferne liegt dein Haus:
wer du auch seist.
Mit deinen Augen, welche müde kaum
von der verbrauchten Schwelle sich befrein,
hebst du ganz langsam einen schwarzen Baum
und stellst ihn vor den Himmel: schlank, allein.
Und hast die Welt gemacht. Und sie ist groß
und wie ein Wort, das noch im Schweigen reift.
Und wie dein Wille ihren Sinn begreift,
lassen sie deine Augen zärtlich los...

WIRKLICHKEIT IN BEWEGUNG

Wer sie kennt, vergißt sie nicht: die von Rudolf Borchardt besorgte Sammlung von Landschaftsporträts bedeutender deutscher Dichter und Gelehrter des 19. Jahrhunderts mit dem Titel: ›Der Deutsche in der Landschaft‹. In den Beiträgen war oder schien ein Einklang mit der Landschaft, mit der Natur gegeben; der spätere Deutsche in der Landschaft sieht ein anderes Bild: gegenüber der früheren »unverstellten« Landschaft erscheint die heutige ihm beschädigt, entfremdet, zerstört.

Doch leben wir vielleicht in einem Übergang, nehmen, ohne Plan und Ziel zu erkennen, Zeichen wahr? Ist es nicht so, daß in unserer Zeit eine neue Sehnsucht nach Landschaft entsteht? Natur wird ganz allgemein zum Objekt von Schutzmaßnahmen, der Verfall der Wälder und Fluren wird aufgehalten, und es gibt auch wieder große Seen, mit denen es sich leben läßt. Ein »Zurück zur Natur« wird es nicht mehr geben können, aber viele ökologiebewußte Gruppen fordern eine dem Menschen gemäße Aneignung der Natur, ein initiatives neues Einbeziehen der Natur in das Leben des Menschen von heute, jenes Menschen, der sich die Unversehrtheit seines Wesens wie seiner Welt vor seiner eigenen Macht bewahren möchte. Neue Generationen in Deutschland haben sich aus dem Bann der Blut-und-Boden-Mystik gelöst. Es scheint auch so, daß die Wissenschaften die Natur wieder zu entdecken beginnen, daß Kirchen und Konfessionen neu eine christliche Naturmetaphysik entwickeln; es wird auch kein Zufall sein, daß kürzlich auf der Ökumenischen Weltkonferenz das Stichwort einer »Theologie der Natur« neu aufgenommen wurde.

Vielleicht entsteht diese neue Sehnsucht nach Landschaft eben aus deren so planmäßig erscheinenden Zerstörung? Ist es so, daß die Menschheit auch heute nur durch Krisen lernt, wie sie früher durch Naturkatastrophen und Kriege Solidarisierungen in weltweitem Maßstab gelernt hat? Literatur wie Kunst haben seismographischen Charakter und zeigen, was war, was ist und was sein wird. Es gibt gerade in der neuen Kunst viele Belege einer neuen Hinwendung zur Natur und Landschaft. Horst Janssen schrieb von der »Zeit, um eine Landschaft zu sehen«.

Regina Richter, Malerin in Hamburg, hat sich Jahre hindurch mit dem Werk Rilkes beschäftigt und stand lange im Banne der Bilder Rilkescher Landschaft. Frucht dieser Beschäftigung sind 24 Bilder aus den Jahren 1977 bis 1979 zu 24 Gedichten von Rilke, in denen Landschaft als Thema oder Bild, als Sinnbild oder Bildsinn dominiert.

Rilkes Landschaft ist Raum und Innenraum, ist Fläche und Tiefe. Rilkes Landschaft ist nie statisch, sie ist Bewegung, sie ist Prozeß. ›Der Abend wechselt langsam die Gewänder‹, ›Das uralte Wehn vom Meer‹, der Himmel, der sich ›baut und blaut und flieht und voll Bewegung ist‹. ›Schau, wie die Zypressen schwärzer

werden in den Wiesengründen. Diesen stillen Bildern möcht ich gleichen...‹ Solche Bilder malte Regina Richter. Sie ging davon aus, daß diese Landschaftsbilder in Rilkes Gedichten betretbare Räume sind, die es dem Betrachter möglich machen, in intensiverer Weise der Vorstellung, der Vision des Dichters näherzukommen, das heißt sich in ihnen zu bewegen. Regina Richters Bilder sind ebensowenig wie Rilkes Landschaften nur Wiedergaben konkreter Örtlichkeiten, sie nehmen diese lediglich zum Anlaß und sind Verschmelzungen und Synthesen einer Fülle eigener erlebter Landschaftserfahrungen, die von der niederdeutschen Weite bis zur gebirgigen Begrenzung des Wallis reichen. In diesen Bildern fehlen handelnde Personen wie überhaupt jede Staffage. Einmal taucht ein Karussell auf, gemalt nach Rilkes berühmtem Gedicht ›Das Karussell‹ aus dem Jardin du Luxembourg, aber es ist für die Malerin ein Teil der Landschaft, wie bei Rilke ein Bild für das »atemlose, blinde Spiel«. Und das dreimalige, berühmte: »Und dann und wann ein weißer Elefant« ruft mystische Landschaft hervor. Die Rolle des sich Bewegenden und Lebendigen übernimmt in Richters Bildern das Licht, das sich bewegt und mit den Gegenständen gleitet und das Wolken, Berggrate, Ufer, Bäume, Meere und Himmel beleuchtet und gleichzeitig durchdringt und ausfüllt.
Regina Richter nähert sich den Dingen der Rilkeschen Landschaft mit unvoreingenommenem Blick, sie sieht sie aus der Distanz eines Menschen von heute. »Und

das mußte man«, schrieb Rilke, »um an ihr [der Natur] Künstler zu sein; man durfte sie nicht mehr stofflich empfinden auf die Bedeutung hin, die sie für uns besaß, sondern gegenständlich als eine große vorhandene Wirklichkeit.« Wirklichkeit in Bewegung – dies ist das Stichwort für Regina Richters Bilder. Farben, Formen, Räume, Licht bilden einen Widerschein zu Rilkes Landschaft. Ist das ein Himmel, ist das ein Meer! wird man vor diesen Bildern mit Rilkes Worten empfinden. Regina Richters Bilder finden ihr Zentrum in der Antithese und Entsprechung von Ebene und Himmel, die in der Horizontlinie ihre stärkste Ausdrucksmöglichkeit besitzt. In ihrer Bilderwelt entsteht eine Wirklichkeit, die einerseits in ihrem Stimmungsgehalt vertraut, andererseits durch die Lichtbewegung unvertraut, magisch ist. Dies ist optisch ausgedrückt im vorwiegenden Gebrauch der Farbe Blau, sie dominiert bei der Bestimmung und Durchdringung der Bilder von Rilkes Landschaft.

Alle 24 Bilder sind in einer Mischtechnik gemalt; jedem Bild liegt ein Aquarell zugrunde, in das mit Preßluft feinste Farbübergänge gespritzt sind. Die Weißwerte sind dabei nicht wie in der üblichen Gouache gehöht, das heißt »aufgelegt«, sondern mit scharfer Klinge herausgebildet. Manche Bilder werden dann noch einmal mit Farbstiften ausgearbeitet. Durch einen Firnis – auch das ist unüblich – bekommt das Bild die Leuchtkraft eines nassen Aquarells. Die Reihenfolge der für das Buch bestimmten Bilder folgt nicht dem

Rilkeschen Text, sondern den kompositorischen und farblichen Elementen der Bilder. So sind die Bilder nach Farbverwandtschaften angelegt, Blau- und Grün-Töne assoziieren sich untereinander und wechseln mit Rot-Tönen, so entsteht eine Kalt-Warm-Skala der Farben. Dann wieder sind Bilder ganz abrupt eingesetzt, so das Bild ›Bodensee‹, es soll eine besondere Eigenständigkeit belegen, das Weiß der ›Silberberge‹ und das Weiß des über dem See liegenden Mittagsdunstes kontrastieren zu den »schwarzen Schatten«, in die Häuser und Wiesen eingetaucht sind. – Dann wieder das Komplementäre von Enge, Ausschnitt, Detail und Konzentrat (›Die Parke‹, ›Waldteich‹ und ›Es ist ganz stille‹) und Weite und Ausblick (›Schau, wie die Zypressen schöner werden‹ und ›Härte schwand‹).
Zwei Merkmale sind für die Arbeiten von Regina Richter charakteristisch. Für die Malerin ist jedes Bild von der Art seiner Entstehung her ein Fensterbild. Ihr erstes »Fensterbild« malte sie 1977 zu Rilkes Gedicht ›Vor dem Sommerregen‹: »Auf einmal ist aus allem Grün im Park/man weiß nicht was, ein Etwas fortgenommen;/ man fühlt ihn näher an die Fenster kommen/und schweigsam sein.« Seitdem sind viele ihrer bisher ausgestellten Bilder solche Bilder von Fenstern oder Ausblicke von Fenstern. Die Form solcher Fensterbilder, oft mit Rundbogen, drückt für die Malerin am besten aus, daß ein Bild ein Medium ist zwischen Innen und Außen, zwischen der Innenwelt des Künstlers und der Außenwelt, die er versucht darzustellen.

Das Fenster zielt zudem auf ein Offenes, ein Freies, auf Durchsicht und Durchlässigkeit, auf eine Bereitschaft, sich dem Außen, dem Anderen hinzugeben. Es ist eine mit dem ganzen Wesen erfaßte Öffnung nach Ferne und Zukunft. Rilkes Gedicht ›Die Liebende‹, das hier wiedergegeben ist, beginnt mit der Zeile: »Das ist mein Fenster«, und aus dem Fenster blickend, fragt die Liebende: »Bis wohin reicht mein Leben,/Und wo beginnt die Nacht?« Mit feinem Gespür hat Regina Richter Rilkes Beziehung zu Fenstern wohl mehr erahnt als gewußt. Am 27. August 1920 schrieb Rilke (im Berner Bellevue Palace unter einem Fenster sitzend an Nanny Wunderly-Volkart): »Wer doch einmal die Geschichte des Fensters schriebe – dieses wunderlichen Rahmens unseres häuslichen Daseins, vielleicht sein eigentliches Maaß...mehr haben wir nicht von der Welt...Unser Umgang mit der Weite ist recht eigentlich auf die Vermittelung des Fensters angewiesen, draußen ist sie nur noch Macht, Übermacht, ohne Verhältnis auf uns, wenn auch ungeheuer im Einfluß –; das Fenster aber setzt uns in einen Bezug, elle nous mesure notre part de cet avenir dans l'instant-même qu'est l'espace...« Später wird Rilke für den Zyklus ›Les Fenêtres‹ das Gedicht schreiben: »Fenêtres, qu'on cherche souvent...« Auch für Regina Richter schafft das Fenster ein Maß, auch sie sucht einen Rahmen, durch den man blickt, und der so entstehende Ausschnitt bewirkt Nuancierungen und Hervorhebungen, Stufungen und Ordnungen. Das weitere und auffallendste Merkmal der Bilder von Regina Richter aber ist die Darstellung des Himmels. Himmel, Luft, Licht, Weite, Atmosphäre nehmen einen weit größeren Raum in den Bildern ein als Erde, Meer und alle natürliche Landschaft. »Der Himmel, groß, voll herrlicher Verhaltung,/ein Vorrat, Raum, ein Übermaß von Welt« – das wollte Regina Richter mit ihren Bildern ausdrücken. Himmel und Erde, das ist die weitere Absicht der Malerin, sind keine Gegensätze. Immer wieder fließen sie ineinander über. In vielen Bildern gerade der zweiten Hälfte des Buches findet eine Grenze überhaupt nicht mehr statt, Erde und Himmel vermischen sich, sind eins, es entsteht eine Verbindung des Unten mit dem Oben, eine Art Heimat. Wußte Regina Richter, was Rilke am 18. Oktober 1900 an Clara Westhoff schrieb: »Mir ist Rußland doch das geworden, was Ihnen Ihre Landschaft bedeutet: Heimat und Himmel«? Mit großem Bedacht hat die Malerin das Bild zum Gedicht ›Eingang‹ an den Schluß ihres Bandes gestellt. Dieser Schluß soll ein Eingang, ein Anfang sein. Damit werden wir Leser der Gedichte und Beschauer der Bilder gebeten, das Buch, wenn wir es zuklappen, in unserer Phantasie weiterzulesen und für uns neue Bilder und Gedichte zu imaginieren. Der hohe Ton dieses Gedichts, »Wer du auch seist« und »als letztes vor der Ferne liegt dein Haus«, ist durch eine »hohe« Komposition des Bildes ausgedrückt: vor allem und über allem der Himmel. Kein Blau-Grün-Rot-Schema, keine Kalt-Warm-Skala,

Himmel und Erde gehen ineinander über. Das Haus liegt vertraut am Baume, die Masten der Stromleitung verraten Verbindung zur Außenwelt. Baum und Haus stehen in strenger Mitte, als Punkt der Schwerkraft wie der Würde des Irdischen. Sie sind, ganz dem Gedicht folgend, »vor den Himmel« gestellt. Es ist, als ob dieser Himmel, groß und blau und weiß über diesem Irdischen, doch an der Zeugung dieses Irdischen beteiligt sei: »und hast die Welt gemacht«.

Rilkes Versuch, das Hiesige zu rühmen, findet seinen Niederschlag in den Bildern von Regina Richter. Ihre Landschaften sind ebenso persönliche Räume wie Weltenräume. Indem sie Nahes und Fernes, Vertrautes und Unvertrautes in sich aufheben, sind sie Orte der Geborgenheit. In diesen Bildern findet eine Versöhnung statt, die Versöhnung des Menschen mit der Welt und in der Welt.

Siegfried Unseld

insel taschenbücher
Alphabetisches Verzeichnis

Die Abenteuer Onkel Lubins 254
Adrion: Mein altes Zauberbuch 421
Adrion: Die Memoiren des Robert Houdin 506
Aladin und die Wunderlampe 199
Ali Baba und die vierzig Räuber 163
Allerleirauh 115
Alte und neue Lieder 59
Alt-Kräuterbüchlein 456
Andersen: Märchen (3 Bände in Kassette) 133
Andersen: Märchen meines Lebens 356
Andreas-Salomé, Lou: Lebensrückblick 54
Apulejus: Der goldene Esel 146
Arnim, Bettina von: Armenbuch 541
Arnim/Brentano: Des Knaben Wunderhorn 85
Arnold: Das Steuermännlein 105
Artmann: Christopher und Peregrin 488
Aus der Traumküche des Windsor McCay 193
Austen: Emma 511
Balzac: Beamte, Schulden, elegantes Leben 346
Balzac: Die Frau von dreißig Jahren 460
Balzac: Das Mädchen mit den Goldaugen 60
Baudelaire: Blumen des Bösen 120
Bayley: Reise der beiden Tiger 493
Bayley: 77 Tiere und ein Ochse 451
Beaumarchais: Figaros Hochzeit 228
Bédier: Der Roman von Tristan und Isolde 387
Beecher-Stowe: Onkel Toms Hütte 272
Beisner: Adreßbuch 294
Benjamin: Aussichten 256
Berg: Leben und Werk im Bild 194
Berthel: Die großen Detektive Bd. 1 101
Berthel: Die großen Detektive Bd. 2 368

Bertuch: Bilder aus fremden Ländern 244
Bierbaum: Zäpfelkerns Abenteuer 243
Bierce: Mein Lieblingsmord 39
Bierce: Wörterbuch des Teufels 440
Bilibin: Märchen vom Herrlichen Falken 487
Bilibin: Wassilissa 451
Bin Gorion: Born Judas 533
Blake: Lieder der Unschuld 116
Die Blümlein des heiligen Franziskus 48
Boccaccio: Das Dekameron (2 Bände) 7/8
Böcklin: Leben und Werk 284
Borchers: Das Adventbuch 449
Bote: Eulenspiegel 336
Brandys: Walewska, Napoleons große Liebe 24
Brecht: Leben und Werk 406
Brentano: Fanferlieschen 341
Brentano: Gockel Hinkel Gackeleia 47
Brillat-Savarin: Physiologie des guten Geschmacks 423
Brontë: Die Sturmhöhe 141
Bruno: Das Aschermittwochsmahl 548
Das Buch der Liebe 82
Das Buch vom Tee 412
Büchner: Der Hessische Landbote 51
Bürger: Münchhausen 207
Busch: Kritisch-Allzukritisches 52
Campe: Bilder Abeze 135
Carossa: Kindheit 295
Carossa: Leben und Werk 348
Carossa: Verwandlungen 296
Carroll: Alice hinter den Spiegeln 97
Carroll: Alice im Wunderland 42
Carroll: Briefe an kleine Mädchen 172
Carroll: Geschichten mit Knoten 302
Caspari: Die Sommerreise 416
Caspari: Wenn's regnet 494
Cervantes: Don Quixote (3 Bände) 109

Chamisso: Peter Schlemihl 27
Chateaubriand: Das Leben des Abbé de Rancé 240
Chinesische Liebesgedichte 442
Chinesische Volkserzählungen 522
Claudius: Wandsbecker Bote 130
Cocteau: Colette 306
Cooper: Lederstrumpferzählungen (5 Bände) 179–183
Cooper: Talleyrand 397
Cortez: Die Eroberung Mexikos 393
Dante: Die Göttliche Komödie (2 Bände) 94
Daudet: Briefe aus meiner Mühle 446
Daudet: Tartarin von Tarascon 84
Daumier: Macaire 249
Defoe: Robinson Crusoe 41
Denkspiele 76
Deutsche Heldensagen 345
Deutsche Volksbücher (3 Bände) 380
Dickens: David Copperfield 468
Dickens: Oliver Twist 242
Dickens: Weihnachtserzählungen 358
Diderot: Erzählungen und Dialoge 554
Diderot: Die Nonne 31
Dostojewski: Der Spieler 515
Droste-Hülshoff: Die Judenbuche 399
Dumas: Der Graf von Monte Christo (2 Bände) 266
Dumas: König Nußknacker 291
Eastman: Ohijesa 519
Eichendorff: Aus dem Leben eines Taugenichts 202
Eichendorff: Gedichte 255
Eisherz und Edeljaspis 123
Enzensberger: Edward Lears kompletter Nonsens I 480
Enzensberger: Edward Lears kompletter Nonsens II 502
Ernst, Paul: Der Mann mit dem tötenden Blick 434
Die Erzählungen aus den Tausendundein Nächten (12 Bände in Kassette) 224
Fabeln und Lieder der Aufklärung 208
Fabre: Das offenbare Geheimnis 269

Der Familienschatz 34
Feuerbach: Merkwürdige Verbrechen 512
Ein Fisch mit Namen Fasch 222
Flach: Minestra 552
Flaubert: Bouvard und Pécuchet 373
Flaubert: Lehrjahre des Gefühls 276
Flaubert: Madame Bovary 167
Flaubert: November 411
Flaubert: Salammbô 342
Flaubert: Die Versuchung des heiligen Antonius 432
Fontane: Effi Briest 138
Fontane: Der Stechlin 152
Fontane: Unwiederbringlich 286
le Fort. Leben und Werk im Bild 195
France: Blaubarts Frauen 510
Frank: Das kalte Herz 330
Friedrich, C. D.: Auge und Landschaft 62
Gackenbach: Betti sei lieb 491
Gasser: Kräutergarten 377
Gasser: Spaziergang durch Italiens Küchen 391
Gasser: Tante Melanie 192
Gassers Köchel-Verzeichnis 96
Gebete der Menschheit 238
Das Geburtstagsbuch 155
Gernhardt, R. u. A.: Was für ein Tag 544
Gerstäcker: Die Flußpiraten des Mississippi 435
Geschichten der Liebe aus 1001 Nächten 38
Gesta Romanorum 315
Goessmann: Die Kunst Blumen zu stecken 498
Goethe: Dichtung und Wahrheit (3 Bände) 149–151
Goethe: Die erste Schweizer Reise 300
Goethe: Faust (1. Teil) 50
Goethe: Faust (2. Teil) 100
Goethe: Gedichte in zeitlicher Folge (2 Bände) 350
Goethe: Gespräche mit Eckermann (2 Bände) 500
Goethe: Hermann und Dorothea 225
Goethe: Italienische Reise 175
Goethe: Das Leben des Benvenuto Cellini 525

Goethe: Die Leiden des jungen Werther 25
Goethe: Liebesgedichte 275
Goethe: Maximen und Reflexionen 200
Goethe: Novellen 425
Goethe: Reineke Fuchs 125
Goethe/Schiller: Briefwechsel (2 Bände) 250
Goethe: Tagebuch der italienischen Reise 176
Goethe: Trostbüchlein 400
Goethe: Über die Deutschen 325
Goethe: Wahlverwandtschaften 1
Goethe: West-östlicher Divan 75
Goethe: Wilhelm Meisters Lehrjahre 475
Goethes letzte Schweizer Reise 375
Gogh: Briefe 177
Gogol: Der Mantel 241
Gontscharow: Oblomow 472
Grandville: Beseelte Blumen 524
Grandville: Staats- und Familienleben der Tiere (2 Bände) 214
Greenaway: Butterblumengarten 384
Greenaway: Mutter Gans 28
Grimmelshausen: Courasche 211
Grimms Märchen (3 Bände) 112/113/114
Grimm, Gebr.: Deutsche Sagen 481
Günther: Ein Mann wie Lessing täte uns not 537
Gundert: Marie Hesse 261
Gundlach: Der andere Strindberg 229
Hauff-Märchen (2 Bände) 216/217
Hawthorne: Der scharlachrote Buchstabe 436
Hebel: Bildergeschichte vom Zundelfrieder 271
Hebel: Kalendergeschichten 17
Heine: Memoiren des Herren von Schnabelewopski 189
Heine: Buch der Lieder 33
Heine: Reisebilder 444
Heine: Romanzero 538
Heine: Shakespeares Mädchen 331
Helwig: Capri, Magische Insel 390
Heras: Am Anfang war das Huhn 185
Heseler: Ich schenk' Dir was 556

Hesse: Dank an Goethe 129
Hesse: Geschichten aus dem Mittelalter 161
Hesse: Hermann Lauscher 206
Hesse: Kindheit des Zauberers 67
Hesse: Knulp 394
Hesse: Leben und Werk im Bild 36
Hesse: Magie der Farben 482
Hesse: Meisterbuch 310
Hesse: Piktors Verwandlungen 122
Hesse: Schmetterlinge 385
Hesse/Schmögner: Die Stadt 236
Hesse/Weiss: Der verbannte Ehemann 260
Hesse, Ninon: Der Teufel ist los 427
Hexenzauber 402
Hildesheimer: Waschbären 415
Hillmann: ABC-Geschichten 99
Hoban: Der Mausevater und sein Sohn 453
Hölderlin-Chronik 83
Hölderlin: Dokumente seines Lebens 221
Hölderlin: Hyperion 365
Höderlins Diotima Susette Gontard 447
Hofer. Leben und Werk in Daten und Bildern 363
E. T. A. Hoffmann: Elixiere des Teufels 304
E. T. A. Hoffmann: Das Fräulein von Scuderi 410
E. T. A. Hoffmann: Der goldne Topf 570
E. T. A. Hoffmann: Kater Murr 168
E. T. A. Hoffmann: Meister Floh 503
E. T. A. Hoffmann: Prinzessin Brambilla 418
E. T. A. Hoffmann: Der unheimliche Gast 245
Homer: Ilias 153
Horváth. Leben und Werk 237
Huch, Ricarda: Der Dreißigjährige Krieg (2 Bände) 22/23
Hugo: Notre-Dame von Paris 298
Ibsen: Nora 323
Idyllen der Deutschen 551
Indische Liebeslyrik 431
Jacobsen: Die Pest in Bergamo 265
Jacobsen: Niels Lyhne 44
Jan: Dschingis-Khan 461

Jan: Batu-Khan 462
Jan: Zum letzten Meer 463
Jerschow: Das Wunderpferdchen 490
Kästner: Griechische Inseln 118
Kästner: Kreta 117
Kästner: Leben und Werk 386
Kästner: Die Lerchenschule 57
Kästner: Ölberge, Weinberge 55
Kästner: Die Stundentrommel vom heiligen Berg Athos 56
Kant-Brevier 61
Kaschnitz: Courbet 327
Kaschnitz: Eisbären 4
Kasperletheater für Erwachsene 339
Keller: Der grüne Heinrich (2 Bände) 335
Keller: Hadlaub 499
Keller: Züricher Novellen 201
Kerner: Bilderbuch aus meiner Knabenzeit 338
Kin Ping Meh 253
Kinderheimat 111
Kleist: Erzählungen 247
Kleist: Geschichte meiner Seele 281
Kleist. Leben und Werk 371
Kleist: Die Marquise von O. 299
Kleist: Der zerbrochene Krug 171
Klingemann: Nachtwachen von Bonaventura 89
Klinger. Leben und Werk in Daten und Bildern 204
Knigge: Über den Umgang mit Menschen 273
Kolumbus: Bordbuch 476
Konfuzius: Materialien einer Jahrhundert-Debatte 87
Konfuzius und der Räuber Zhi 278
Kühn: Geisterhand 382
Kühn: Ich Wolkenstein 497
Laclos: Schlimme Liebschaften 12
Lamb: Shakespeare Novellen 268
Das große Lalula 91
Leopardi: Ausgewählte Werke 104
Lesage: Der hinkende Teufel 337
Leskow: Der Weg aus dem Dunkel 422
Lévi-Strauss: Weg der Masken 288
Liebe Mutter 230
Lieber Vater 231
Lichtenberg: Aphorismen 165

Linné: Lappländische Reise 102
Lobel: Die Geschichte vom Jungen 312
Lobel: Maus im Suppentopf 383
Lobel: König Hahn 279
Lobel: Mäusegeschichten 173
Löffler: Sneewittchen 489
Der Löwe und die Maus 187
London, europäische Metropole 322
London, Jack: Ruf der Wildnis 352
London, Jack: Die Goldschlucht 407
Longus: Daphnis und Chloe 136
Lorca: Die dramatischen Dichtungen 3
Märchen der Romantik (2 Bde.) 285
Märchen deutscher Dichter 13
Im Magischen Spiegel I 347
Majakowski: Werke I 16
Majakowski: Werke II 53
Majakowski: Werke III 79
Malory: König Artus (3 Bände) 239
Mandry: Katz und Maus 492
Marc Aurel: Wege zu sich selbst 190
Maupassant: Bel-Ami 291
Maupassant: Das Haus Tellier 248
Maupassant: Mont-Oriol 473
Maupassant: Pariser Abenteuer 106
Maupassant: Unser einsames Herz 357
McKee: Zwei Admirale 417
Meinhold: Bernsteinhexe 329
Melville: Moby Dick 233
Mercier: Mein Bild von Paris 374
Mérimée: Carmen 361
Mérimée: Die Venus von Ille 501
Merkprosa 283
Meyer, C. F.: Novellen 470
Michelangelo: Zeichnungen und Dichtungen 147
Michelangelo. Leben und Werk 148
Minnesinger 88
Mirabeau: Der gelüftete Vorhang 32
Mörike: Alte unnennbare Tage 246
Mörike: Die Historie von der schönen Lau 72
Mörike: Maler Nolten 404
Mörike: Mozart auf der Reise nach Prag 376
Molière: Der Menschenfeind 401
Montaigne: Essays 220
Mordillo: Das Giraffenbuch 37

Mordillo: Das Giraffenbuch II 71
Mordillo: Träumereien 108
Morgenländische Erzählungen 409
Morgenstern: Alle Galgenlieder 6
Morier: Die Abenteuer des Hadji Baba 523
Das Moritatenbuch 559
Moritz: Anton Reiser 433
Moritz: Götterlehre 419
Moskau 467
Motte-Fouqué: Undine 311
Mozart: Briefe 128
Musäus: Rübezahl 73
Die Nase 549
Nestroy: Stich- und Schlagworte 270
Die Nibelungen 14
Nietzsche: Ecce Homo 290
Nietzsche: Unzeitgemäße Betrachtungen 509
Nietzsche: Zarathustra 145
Novalis. Dokumente seines Lebens 178
Okakura: Das Buch vom Tee 412
Orbeliani: Die Weisheit der Lüge 81
Orbis Pictus 9
Oskis Erfindungen 227
Ovid: Ars Amatoria 164
Das Papageienbuch 424
Paris 389
Pascal: Größe und Elend des Menschen 441
Paul: Der ewige Frühling 262
Paul: Feldprediger Schmelzle 505
Paul: Des Luftschiffers Gianozzo Seebuch 144
Petrarca: Dichtungen, Briefe, Schriften 486
Petronius: Satiricon 169
Petzet: Das Bildnis des Dichters Rilke, Becker-Modersohn 198
Phaïcon I 69
Phaïcon II 154
Platon: Phaidon 379
Platon: Theaitet 289
Pocci: Kindereien 215
Poe: Grube und Pendel 362
Polaris III 134
Pöppig: In der Nähe des ewigen Schnees 166
Poesie-Album 414
Polnische Volkskunst 448

Potocki: Die Handschrift von Saragossa (2 Bände) 139
Praetorius: Hexen-, Zauber- und Spukgeschichten aus dem Blocksberg 402
Prévost: Manon Lescaut 518
Quevedo: Der abenteuerliche Buscon 459
Quincey: Der Mord als eine schöne Kunst betrachtet 258
Raabe: Die Chronik der Sperlingsgasse 370
Raabe: Gänse von Bützow 388
Rabelais: Gargantua und Pantagruel (2 Bände) 77
Rache des jungen Meh 353
Die Räuber vom Liang Schan Moor (2 Bände) 191
Reden und Gleichnisse des Tschuang Tse 205
Richter: Familienschatz 34
Richter: Lebenserinnerungen 464
Rilke: Ausgesetzt auf den Bergen des Herzens 98
Rilke: Das Buch der Bilder 26
Rilke: Die drei Liebenden 355
Rilke: Duineser Elegien/Sonette an Orpheus 80
Rilke: Geschichten vom lieben Gott 43
Rilke: Neue Gedichte 49
Rilke: Späte Erzählungen 340
Rilke: Das Stunden-Buch 2
Rilke: Wladimir, der Wolkenmaler 68
Rilke: Zwei Prager Geschichten 235
Rilke. Leben und Werk im Bild 35
Robinson: Onkel Lubin 254
Römische Sagen 466
Rotterdam: Lob der Torheit 369
Rousseau: Königin Grille 332
Rousseau: Zehn Botanische Lehrbriefe für Frauenzimmer 366
Rumohr: Geist der Kochkunst 326
Runge. Leben und Werk im Bild 316
Sacher-Masoch: Venus im Pelz 469
Der Sachsenspiegel 218
Sagen der Juden 420
Sand: Geschichte meines Lebens 313
Sappho: Liebeslieder 309
Schadewaldt: Sternsagen 234

Scheerbart: Rakkóx der Billionär 196
Schiller: Der Geisterseher 212
Schiller. Leben und Werk 226
Schiller/Goethe: Briefwechsel (2 Bände) 250
Schlote: Das Elefantenbuch 78
Schlote: Fenstergeschichten 103
Schlote: Geschichte vom offenen Fenster 287
Schmögner: Das Drachenbuch 10
Schmögner: Ein Gruß an Dich 232
Schmögner: Das unendliche Buch 40
Schneider. Leben und Werk 318
Schopenhauer: Aphorismen zur Lebensweisheit 223
Schumacher: Ein Gang durch den Grünen Heinrich 184
Schwab: Sagen des klassischen Altertums (3 Bände) 127
Scott: Im Auftrag des Königs 188
Sealsfield: Kajütenbuch 392
Sévigné: Briefe 395
Shakespeare: Hamlet 364
Shakespeare: Sonette 132
Shaw-Brevier 159
Sindbad der Seefahrer 90
Skaldensagas 576
Sonne, Mond und Sterne 170
Sophokles: Antigone 70
Sophokles: König Ödipus 15
Spyri: Heidi 351
Stendhal: Die Kartause von Parma 307
Stendhal: Rot und Schwarz 213
Stendhal: Über die Liebe 124
Sternberger: Über Jugendstil 274
Sterne: Yoricks Reise 277
Stevenson: Entführt 321
Stevenson: Dr. Jekyll und Mr. Hyde 572
Stevenson: Die Schatzinsel 65
Stifter: Bergkristall 438
Storm: Am Kamin 143
Storm: Der Schimmelreiter 305
Strindberg: Ein Puppenheim 282
Der andere Strindberg 229
Swift: Ein bescheidener Vorschlag 131
Swift: Gullivers Reisen 58
Tacitus: Germania 471

Taschenspielerkunst 424
Thackeray: Das Buch der Snobs 372
Thackeray: Jahrmarkt der Eitelkeit (2 Bände) 485
Tillier: Mein Onkel Benjamin 219
Timmermanns: Dämmerungen des Todes 297
Toepffer: Komische Bilderromane (2 Bände) 137
Tolstoj: Anna Karenina (2 Bde.) 308
Tolstoj: Der Überfall 367
Tolstoj: Die großen Erzählungen 18
Tolstoj: Kindheit, Knabenalter, Jünglingsjahre 203
Traum der roten Kammer 292
Traxler: Es war einmal ein Mann 454
Tschechow: Die Dame mit dem Hündchen 174
Tschechow: Der Fehltritt 396
Tschuang-Tse: Reden und Gleichnisse 205
Turgenjew: Erste Liebe 257
Turgenjew: Väter und Söhne 64
Der Turm der fegenden Wolken 162
Twain: Der gestohlene weiße Elefant 403
Twain: Huckleberry Finns Abenteuer 126
Twain: Leben auf dem Mississippi 252
Twain: Tom Sawyers Abenteuer 93
Urgroßmutters Kochbuch 457
Varvasovszky: Schneebärenbuch 381
Voltaire: Candide 11
Voltaire: Karl XII. 317
Voltaire. Leben und Werk 324
Voltaire: Sämtliche Romane und Erzählungen (2 Bände) 209/210
Voltaire: Zadig 121
Vom Essen und Trinken 293
Vortriede: Bettina von Arnims Armenbuch 541
Vulpius: Rinaldo Rinaldini 426
Wagner: Ausgewählte Schriften 66
Wagner, Leben und Werk 334
Wagner: Lohengrin 445
Wagner: Tannhäuser 378
Walser, Robert: Fritz Kochers Aufsätze 63
Walser, Robert. Leben und Werk 264

Walser, Robert: Liebesgeschichten 263
Das Weihnachtsbuch 46
Das Weihnachtsbuch der Lieder 157
Das Weihnachtsbuch für Kinder 156
Weng Kang: Die schwarze Reiterin 474
Wie man lebt und denkt 333
Wilde: Die Erzählungen und Märchen 5
Wilde/Oski: Das Gespenst von Canterville 344
Wilde: Salome 107
Wilde. Leben und Werk 158
Wührl: Magische Spiegel 347
Der Zauberbrunnen 197
Zimmer: Yoga und Buddhismus 45
Zola: Nana 398
Zschokke: Hans Dampf in allen Gassen 443